Spruchreiz
überwiegend lustige Gedanken
illustriert von Giesela Laue
und Karl-Heinz Otten

von Hans-Jürgen Sträter

Impressum:

Spruchreiz

von Hans-Jürgen Sträter (HJS)

mit Illustrationen von Giesela Laue und Karl-Heinz Otten (LO)

Ausgabe Oktober 2023

Herstellung und Verlag: BoD - Books on Demand, Norderstedt
ISBN: 9783757881931

Inhalt

Inhalt

Vorwort

Gedanken, Erkenntnisse, Meinungen
über, unter oder auf den Punkt gebracht und selbst
Klischees mit einem ironischen "Neuanstrich" versehen …
- Ein Versuch -

Niveau hin…. Niveau her…. es zu finden ist oft schwer.
Ob das Eine oder Andere gelungen ist?
Dies herauszufinden sei dem Leser überlassen.

Wir hatten Freude beim Schreiben und Zeichnen,
die wir jetzt gerne mit Euch teilen …

Das Trio
Sträter, Laue, Otten

Biene ist nicht gleich Biene
den kleinen Unterschied
zeigt die Miene…

LO

Bei der Lotterie der Bäume
erfüllten sich nicht alle Träume
einer zog das "BlattLos"

LO

Vernunft und Wahrheit
laufen im Leben
immer vorneweg

LO

Der Hut hat
eine Meise

LO

... freedom for Currywurst ...

Unser gieriger Fleischkonsum bekommt ein Ohr
der Aufstand der Currywurst steht bevor

LO

*Er saß in der Deutschstunde immer
im Grammatikschatten*

LO

"... das Meer ist völlig überfischt ..."
Die Heringe rufen zum Kampfeinsatz ...

LO

Holzschuh-Evolution
am Anfang stand die Fußbekleidung
am Ende wurden Weltmeere damit befahren

LO

Die Küche im Haus ist meistens prächtig
aber laut Statistik überaus unfallträchtig …

LO

Je größer der Kopf
desto linker die Hände ...

HJS

*Wer immer nur das Ziel sieht
stolpert über den Weg*

LO

"Mit Kanonen auf Spatzen schießen ... "
oder
„...wenn Spatzen mit Kanonen schießen"

LO

*Die Natur ist die Summe
vieler Wunder ...*

HJS

Wer Erkenntnisse in eine simple Theorien presst hat keine

LO

Wir ringen nicht um Erkenntnisse sondern suchen Bestätigungen

LO

Schafstand
Nicht immer stimmt´s bei Tieren
dass sie gehen auf allen Vieren ...

LO

Auf einem Bein dreht sich die Sau
um die eigene Achse
das nennt man dann auch Schweinshaxe ...

LO

*Manchem erscheint die Welt
subfontanell schwach möbliert*

LO

... überlegen macht überlegen ...

HJS

Bei manchen Menschen ist die Intelligenz
zur Bildung umgekehrt proportional
dachte der Hase nach dem Lesen
der ersten Buchseiten ...

HJS

Wer die Natur in
einfachen monokausalen
Ursache-Wirkung-Prinzipien erklärt
hat sie nicht verstanden ...

LO

*Schon im Windelalter ist die
Anziehungskraft der Erde spürbar*

LO

*Je fitter der Kopf
desto lahmer die Hände*

HJS

"Siehst du dort unter uns
das menschliche Chaos?"
"Oh Gott ja, ich mag gar nicht hinschauen!
Wir sollten hier nur noch
auf dem Rücken fliegen..."

LO

Finger weg vom fettigen Kampfschweinbraten
"... light is in ..."
ran an die fleischlose Vegetariersau
im Bananen-Look

LO

... und es sagt die alte Gasflasche:
"Menschen sind Subjekte,
deshalb können sie nicht objektiv sein...!"

LO

*Spuck´ nicht in die Suppe
bevor du über den
Tellerrand gesehen hast*

LO

*Trübsal basen
ist keine Zier
besser geht es ohne ihr*

LO

Da ist der Wurm drin
"... nee, ich bin dann mal weg..."

LO

*Wer bei anderen in die Grube fällt
hat wahrscheinlich keine eigene*

LO

Mit viel Geduld versucht der Vogel
seinem Freund das Fliegen beizubringen.
Doch selbst mit Propeller
geht´s nicht schneller ...

LO

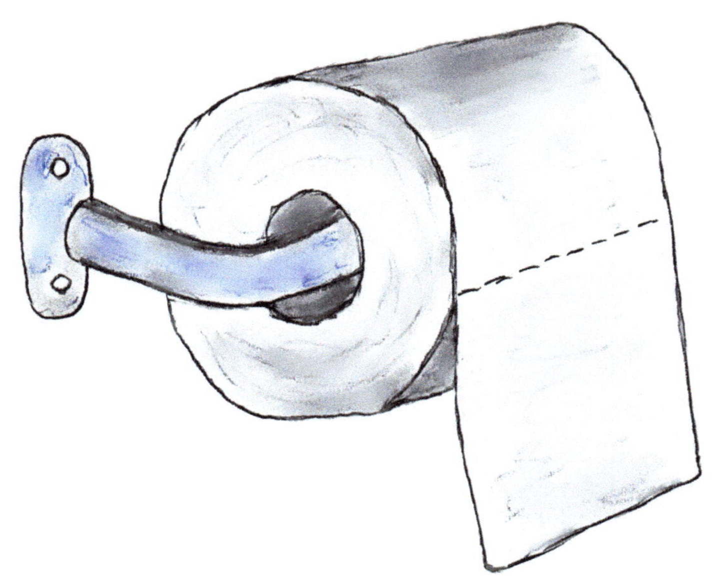

Viele Dinge, die im Alltag
nur Freude machen
versperren den Blick auf
fundamental wichtige Sachen

LO

Links von rechts oder rechts von links ?
in diesem Zustand bitte nur
mittig geradeaus

LO

Der Dirigent ist leicht verwirrt
wo sind die Musiker die er dirigiert
er ging doch nur kurz übern Flur
und holte seine Partitur
hat er sich in der Tür geirrt?

LO

Hallo ......
ich bin einfach nur freundlich ...

LO

Bist du ständig auf der Lauer
ist Entspannung nicht von Dauer

LO

Lange Zeit war er ein treuer Begleiter
aber mit diesen Löchern ging´s nicht so weiter.
Dann gab es den Tipp:
gebt ihm zwei Augen
und nennt ihn einfach Zipp-Zellipp ...

LO

**Üben ist die Brücke
zwischen wollen und können**

LO

*Je schwächer der Charakter
desto stärker das Ego*

LO

Angesichts des Zustandes unserer Welt
fragt man sich
ob der Begriff "Homo Sapiens"
wirklich zutrifft

LO

Der Verstand ist endlich
die Phantasie unendlich ...

LO

Eine Reise die ist lustig
eine Reise die ist schön
ja da kann man was erleben und
kaum noch über die Koffer sehn´...

LO

*Man weiß eigentlich nie
wer gerade um die Ecke
kommt*

LO